자신감을 빼앗아 먹는 괴물

글 이인아   그림 이수현

창조와 지식

저는 오늘도 학교 가기가 두렵습니다.
학교에 들어간 지 몇 달이 지났는데도
아직 친구들과 어울리지 못하고 있거든요.

친구들이 놀고 있을 때면
같이 놀자고 말할 용기가 나지 않고

발표하려고 손드는 것도 너무 두려워요.

그래서인지 요즘 들어
날 괴롭히는 괴물이 꿈에 나타나요.
자신감을 빼앗아 먹는 괴물이에요.

소심해지거나 용기가 안 나서
겁을 잔뜩 먹을 때
자신감을 빼앗아 먹고는
날 얼마나 놀리는지 아주 분해요.

지난번에 엄마 친구를 만났는데
부끄러워 숨었더니 어떻게 알았는지
꿈에 또 나타나 자신감을 자꾸 빼앗아 가요.

"후하하, 부끄러워 숨는 네 모습을 보니
아주 재미있구나. 크하하하"

"아후후, 네 녀석의 자신감 배부르게 잘 먹었다.
덕분에 난 더욱 튼튼해지는구나.
너의 자신감은 유독 달콤한 맛이지.
크하하학"

내일은 학교에서 노래 발표가 있는 날
며칠 동안 집에서 연습했지만 너무 떨리고 두려워요.

'긴장한 나머지 또 벌벌 떨고 노래를 망치면 어쩌지?
친구들이 잔뜩 긴장한 나를 놀리겠지'
마음 속은 온통 부정적인 생각으로 가득찼어요.

드디어 발표 날,
노래를 멋지게 끝낸 친구가 무대를 내려가고
내 차례가 되었어요.
심장이 쿵쾅쿵쾅, 다리는 덜덜덜덜
내 모습은 마치 물에 빠진 생쥐 같았어요.

친구들 앞에서 자신 없는 모습을
보여준 것 같아 너무 창피했어요.

"크하하, 발표가 두려워서
친구들 앞에서 벌벌 떠는 모습 좀 봐!"
결국 괴물이 또 나타나고 말았어요.

"넌 왜 자꾸 날 괴롭히는 거야?"
"푸하하, 네 녀석의 행동을 볼 때면 기분이 좋아져
자신감을 빼앗아 갈 수 있거든, 크하하하학"

그런데 괴물이 한 말을 곰곰이 생각해봤어요.
'내가 자신 없을 때마다 하는 말이라고?'

'난 그럴 때마다
어떤 행동을 했을까?'

아! 알았다.
부정적인 생각이 나를 더욱 자신감 없는 아이로
만들고 있었던 거예요.
괴물은 여전히 나를 무시하지만
이젠 달라지기로 결심했어요.

"두고 봐! 난 더 이상 네게 자신감을 뺏기지 않을 거야!"
"어림없지, 넌 바뀌지 않을 거야. 푸하하"
괴물은 나를 비웃고는 사라졌어요.
'바뀌지 않는다고? 흥! 내가 네 생각을 바꿔 놓겠어'

다음 날
"자, 아는 사람 손 들어보세요"
선생님 말씀에 바로 손을 번쩍!
"제가 해보겠습니다"
"그래? 씩씩하게 용기내고 대단해"
친구들은 달라진 제 모습에 박수를 칩니다.
와! 드디어 해냈어!

자신감과 용기를 갖고 놀이터로 갔어요.
"애들아, 안녕, 나랑 같이 놀자"
"어서 와, 다 같이 놀면 더욱 재밌을 거야"

내가 예상했던 것과는 달리
친구들은 아주 반갑게 맞이해줬어요.
얼마나 신나게 놀았는지 자신감은 나를 기분 좋게 해요.
앞으로 무엇이든 할 수 있을 것 같아요.

"웬일이니? 너답지 않아"
"뭐가 나다운 건데?
"아니, 목소리는 작고 어깨는 힘이 없고
그래야 되는 거 아냐?"

"그건 내 참모습이 아니야.
이제는 예전의 모습은 없을 거야.
그러니 날 괴롭히지마"
늘 내게 큰소리치던 괴물에게 폭탄을 날렸습니다.

"괴물 잘 들어? 그동안 내 자신감을 빼앗아 갔지?
이제는 안 뺏길 거야. 자신감은 소중한 내 것이니까,
앞으로 나타나기만 해봐. 가만 안 둘 거야!"

괴물은 겁을 잔뜩 먹은 채 초라한 모습으로 도망가네요

이제 학교 가는 것쯤은 두렵지 않아
발표는 물론이고 친구들도 많이 생겼고
무서울 게 없어, 난 뭐든 할 수 있거든
자신감이 내게 용기와 힘을 주었어.

상쾌한 아침, 날마다 학교 가는 길이 즐겁습니다.

『자신감을 빼앗아 먹는 괴물』은 모자관계인 아동문학가 글쓴이(이인아)와 창작의 세계에 첫 발을 디딘 그린이(이수현)가 어린이의 눈으로, 어린이의 생각을 담아 책을 내자는 의견일치에 콜라보로 이루어낸 창작동화 그림책이다.

글 이인아(아동문학가)
　저서: 『우린 생각이 같아』
　　　　『누가 잘못한 거야』
　　　　『시가 보인다 마음을 읽는다 』
　　　　『그림동화로 보는 용인 독립운동이야기』

그림 이수현
무한한 상상력을 그림으로 표현하는 것을 좋아하며『자신감을 빼앗아 먹는 괴물』은 내성적이었던 본인의 어린 시절에 상상력을 더해 만들어낸 작품으로 이 책을 읽는 어린이들이 자신의 부정적인 사고방식을 괴물이란 존재를 통해 다시 한번 생각할 수 있는 계기가 될 수 있도록 표현했으며 이를 통해 자신감과 용기를 전달하고자 했다.

이책은 용인문화재단 문화예술공모지원금을 받아 제작하였습니다.

자신감을 빼앗아 먹는 괴물

초판 1쇄 발행 2021년 11월 1일
글 이인아 **그림** 이수현
펴낸이 김동명
펴낸곳 도서출판 창조와 지식
디자인 이수현
인쇄처 (주)북모아

출판등록번호 제2018-000027호
주소 서울특별시 강북구 덕릉로 144
전화 1644-1814
팩스 02-2275-8577

ISBN 979-11-6003-391-5[77810]

정가 12,000원

지식의 가치를 창조하는 도서출판
www.mybookmake.com